생선 아카데미

인간론 **❾**

하나님의 언약을 믿는 사람

KB205599

프롤로그

    생활 속 선교, 이것은 지난 2000여년간 기독교 공동체가 세상을 향해 꾸준히 던졌던 메시지입니다. 수많은 믿음의 선조들이 하나님을 아는 지식을 바탕으로 자신이 속한 가정과 일터에서 그 믿음을 지키는 삶을 살았습니다. 그들을 통해 가정이 바뀌고 일터 문화가 바뀌고 힘들었던 세상은 더 나은 세상으로 바뀌었습니다.

    하나님은 우리 인간의 모든 영역에 관심을 갖고 계십니다. 생활 선교사는 각자 생활의 영역에서 하나님 사랑, 이웃 사랑을 실천하며 선교적 삶을 살아가는 사람입니다. 생활 선교사가 되기 위해서는 훈련이 필요합니다. 삶의 모든 영역에서 선교사의 역할을 감당하려면 성부, 성자, 성령 하나님은 어떤 분이신지, 우리는 어디로부터 와서 어디로 가는지, 인간의 창조와 타락과 구원의 과정은 어떠한지 이러한 다양한 주제에 대해 정리가 되어 있어야 합니다. 세상은 계속해서 우리를 속이려 하기 때문에 우리는 더욱 배우기를 힘써야 합니다.

> 악한 사람들과 속이는 자들은 더욱 악하여져서 속이기도 하고 속기도 하나니 그러나 너는 배우고 확신한 일에 거하라 너는 네가 누구에게서 배운 것을 알며 또 어려서부터 성경을 알았나니 성경은 능히 너로 하여금 그리스도 예수 안에 있는 믿음으로 말미암아 구원에 이르는 지혜가 있게 하느니라 딤후 3:13~15

생활 선교사를 줄여서 생선이라 표현하고 이분들을 훈련하는 아카데미를 개설했습니다. 온라인 방송은 세계 각 지역의 한인 디아스포라에게 생선 아카데미를 전파할 수 있는 좋은 수단이 되었습니다. 미국, 일본, 중국, 홍콩, 미얀마, 인도, 태국 등 다양한 나라에서 다양한 삶의 환경에 있는 분들과 함께 소통할 수 있었습니다. 이러한 강의 내용을 다듬고 핵심을 정리하여 각각의 주제를 명확하게 이해할 수 있도록 소책자 형식으로 발간했습니다.

『하나님의 언약을 믿는 사람』은 인간론 시리즈 중 아홉 번째로 출간되었습니다. 하나님의 지상 명령과 계명을 믿고 지키는 자는 왕의 통치권을 선물로 받게 됩니다. 하나님 나라를 세우는 백성으로 쓰임 받게 되는 거지요. 하나님은 하나님 나라를 세우기 위해 자신의 심장을 드리는 자들을 지키고 보호하십니다.

생선 아카데미에 발을 들이신 독자 여러분 모두가 성경을 배우고 구원에 이르는 지혜를 깨달아 생활 선교사로서 각자 삶의 영역에서 복음을 전파하시길 소망합니다.

박진석 목사

● 생선 아카데미 3대 목표

1. 하나님의 권능, 지혜, 성품의 도움을 받아 세상 권세를 이긴다.

2. 생활 선교사로서 온전한 사랑과 믿음과 지식을 구비한다.

3. 배우고 깨달은 바를 적용하고 실천해서 삶의 실제적인 열매를

   맺는다.

1장 / 하나님의 언약

지상 계명과 지상 명령

　사람에게 창조주 하나님께서 지상 계명과 지상 명령을 주신 이유와 목적은 무엇입니까? 먼저 구약과 신약을 보면 하나님께서 사람과 약속하시는 장면을 볼 수 있습니다. 이를 신학적으로는 언약 신학, 계약 신학이라 부릅니다. 더 자세히는 모세의 성막에 있는 언약궤에서 볼 수 있습니다. 여기서 하나님은 이스라엘의 왕이시며, 그의 말씀이 곧 이스라엘의 법이자 거룩한 나라의 법이라는 사실을 보여주고 있습니다. 성경은 이스라엘 백성이 말씀을 지키면 그들은 하나님의 백성이 되고 거룩한 나라, 거룩한 백성이 된다고 기록하고 있습니다. 이것은 하나님과 이스라엘 백성이 약속을 체결하는 장면입니다. 하나님께서는 이 약속을 일방적으로 체결하셨습니다. 아브라함의 경우는 쪼갠 짐승 사이로 지나시며 약속을 체결하셨고, 아담과 하와가 죄를 범하여 에덴동산에서 쫓겨났을 때도 가죽옷을 입히시며 인생의 새로운 법칙을 말씀해주셨습니다. 쪼갠 짐승과 가죽옷 모두 피를 흘렸다는 뜻을 담고 있습니다. 이를 통해 하나님께서는 피로써 자신의 약속을 지키겠다는 확고함을 보여주고 있습니다.

그러나 사람은 이 하나님의 엄중한 계약을 깊이 있게 이해하지 못했습니다. 사람 중에 모든 믿는 자들의 조상인 아브라함은 이스라엘의 혈통적 조상입니다. 하지만 이스라엘이 아브라함의 혈통적 후손이라 할지라도 말씀에 순종하지 못하면 하나님 나라의 유업을 받을 수 없습니다. 믿음으로 순종하는 행위는 참으로 중요합니다. 이 믿음 가운데 아브라함은 하나님과 언약을 체결했습니다. 그리고 하나님께서는 아브라함을 부르셨습니다.

> 여호와께서 아브람에게 이르시되 너는 너의 고향과 친척과 아버지의 집을 떠나 내가 네게 보여 줄 땅으로 가라 창 12:1

  창세기 12장 1절 말씀은 언약을 하나님께서 일방적으로 체결한 것으로 볼 수 있습니다. 아브라함의 고향과 친척과 아버지의 집은 이 세상을 말합니다. 죄로 인해 의로우신 하나님의 정죄를 받아 심판 받은 세상입니다. 즉 죄인된 사람들이 추구하는 고향이 세상이라고 할 수 있습니다. 그러나 하나님께서는 이 세상을 떠나서 천국 본향의 집으로 인도하시는 분이십니다. 그러므로 아브라함이 떠나온 세상은 무엇을 의미하는 것일까요? 이 세상의 현실에 얽매여 살지 말고 장차 갈 나라, 즉 천국을 향하여 이방인과 나그네 그리고 순례자처럼 이 세상을 살아가라는 영적 교훈을 담고 있습니다.

믿음의 조상 아브라함

그렇다면 아브라함은 어떻게 믿음의 조상이 되었을까요? 그는 75세에 자신의 고향을 떠났습니다. 그곳은 우상숭배의 땅이었습니다. 그리고 이후 100세에 이삭을 얻었습니다. 이삭을 얻기 전 약 80세에 이스마엘을 낳습니다. 아브라함의 부인 사라는 하나님의 약속을 지키기 위해 자기 몸종 하갈을 통해 하나님께서 약속하신 거룩한 씨를 보려고 계획하였습니다. 그러나 하나님은 그 씨가 약속의 자녀가 아니라고 말씀하십니다. 하나님은 왜 자녀에 대하여 그리 엄격하셨을까요? 그것은 바로 하나님께서 아브라함을 통해 그리고 그의 아들 이삭을 통해 거룩한 씨,

즉 예수 그리스도를 이 땅 가운데 보내시기 위한 계획을 가지고 있었기 때문입니다.

> 기록된 바 내가 너를 많은 민족의 조상으로 세웠다 하심과 같으니 그가 믿은 바 하나님은 죽은 자를 살리시며 없는 것을 있는 것으로 부르시는 이시니 롬 4:17

아브라함 눈에 백세에 얻은 이삭은 눈에 넣어도 아프지 않을 자녀입니다. 그러나 하나님께서는 그 자녀를 번제로 바치실 것을 명령하셨습니다. 어려운 명령이었지만 아브라함은 하나님이 죽은 자를 살리시며 없는 것을 있는 것으로 부르시는(롬 4:17) 생명의 구원자이심을 믿었습니다. 그는 그 믿음으로 순종한 것입니다. 아브라함은 영적 성장의 모든 단계(영적 아이에서 영적 아비까지)를 밟으며 하나님께 온전히 연합되는 수준까지 성장했습니다. 이러한 신뢰가 있었기에 아브라함은 하나님 아버지의 마음을 헤아릴 수 있었고 약속에 순종하여 얻은 자녀까지 바칠 수 있었습니다. 아브라함의 순종을 보신 하나님은 그의 마음을 보시고 이삭을 대신하여 여호와 이레로 어린 양을 번제물로 준비하셨습니다. 이는 훗날 하늘의 시온산에서 예비된 어린 양 예수님의 십자가 사건이 이루어지는 영광의 장소가 되기도 하였습니다.

하나님의 언약을 체결하기 위해서 아브라함은 순종의 분량을 채워야만 했습니다. 이를 통해 그는 믿음의 조상이 될 수 있었습니다. 아브라함의 혈통인 이스라엘은 현재에도 전 세계적으로 큰 영향을 미치고 있습니다. 특별히 미국 사회 유대인들의 영향력은 상당합니다. 하나님께서 아브라함에게 하신 언약을 이루시기 위해 일어나는 과정의 일입니다. 우리는 어떻게 해야 할까요? 오늘의 성도들도 애굽으로 내려가 세상 방식으로 살며 시행착오를 겪습니다. 그런 시행착오 속에서 믿음의 성장을 누리고 있습니다. 사람은 의롭지 않습니다. 오직 믿음으로 의롭다 함을 받는 것입니다. 혈통을 따라 구원받는 것이 아니라 약속의 말씀을 믿고 순종함으로 구원받습니다.

오늘날 하나님의 복을 외면하고 세상적인 그리스도인으로 살아가는 사람들이 있습니다. 그들이 세상에 굴복하는 이유는 무엇일까요? 신앙인 중에는 때로는 좌절하는 사람이 있는가 하면 동시에 그 어려움을 뚫고 돌파하는 사람들도 있습니다. 포기하지 않는 자들은 이 모든 아픔과 어려움을 통해서 더 깊은 믿음의 길로, 주님을 닮는 길로 인도받습니다. 그때부터 하나님의 말씀으로 만족하는 삶을 살게 됩니다. 이를 깨닫지 못하면 영적 어린아이로 세상에 만족을 두며 암울한 비교의식에 갇히게 됩니다. 그러므로 믿는 성도들은 말씀을 듣고 순종하는 가운데 말씀의 접붙임을 받아 아브라함의 복을 상속받아야 합니다(갈 3:14). 여러분을 통하여 많은 민족이 일어나는 복을 받게 될 것입니다. 이 복이 임하는 자는 아브라함처럼 왕 같은 제사장으로 살 수 있을 겁니다. 그런 이유에서 아브라함이 믿음의 조상이 되는 가운데 겪었던 고난은 성숙한 주의 자녀들을 위해 하나님께서 허락하시는 선물이기도 합니다.

핵심과 나눔(Key points & Sharing points)

K1. 하나님과 사람과의 약속을 신학적 용어로 무엇이라고 하나요?

_____

_____

_____

K2. 하나님이 아브라함에게 이삭을 바치라고 명령하셨을 때 아브라함
은 하나님에 대해 어떤 믿음을 가지고 있었나요?

_____

_____

_____

S1. 이 세상의 현실 속에 묶여 있는 자신의 모습이 있다면 무엇인지 나
눠 봅시다.

_____

_____

_____

S2. 현실의 고난과 어려움을 뚫고 돌파한 경험이 있다면 나눠 봅시다.

_____

_____

_____

_____

2장 / 하나님의 지상 계명과 명령

심장까지 내어드리는 헌신

하나님께서는 믿는 성도들을 아브라함의 복에 참여시키셨습니다. 복에 참여시킨 하나님의 약속은 두 가지로 나누어집니다. 첫째는 지상 계명, 둘째는 지상 명령입니다. 지상 계명은 약속입니다. 그 계명의 말씀은 먼저 하나님을 으뜸으로 사랑하는 것이었습니다. 그를 사랑할 때 평안과 안정이 찾아옵니다.

예수께서 이르시되 네 마음을 다하고 목숨을 다하고 뜻을 다하여 주 너의 하나님을 사랑하라 하셨으니 이 것이 크고 첫째 되는 계명이요 둘째도 그와 같으니 네 이웃을 네 자신 같이 사랑하라 하셨으니 이 두 계명이 온 율법과 선지자의 강령이니라 마 22:37-40

중요한 것은 여기서 우선순위가 변하지 말아야 한다는 것입니다. 이웃을 내 몸처럼 사랑하는 것이 먼저가 되어서는 안 됩니다. 이웃을 사랑하기 위해 서는 우리의 인간적 실력을 뛰어넘는 능력이 필요 합니다. 그 능력은 우리가 먼저 마음을 다해 하나 님을 사랑할 때 그 사랑에서 능력이 나옵니다. 하 나님을 사랑하라는 말씀은 신구약 모두에 나옵니 다. 그러나 마음을 다해 사랑하는 것은 특별히 신 약 성경에서의 헬라어 어원으로 살펴보면 그 의미 를 더 잘 이해할 수 있습니다. 마음을 다해 사랑한 다는 말의 헬라어 어원의 뜻은 "심장을 다한다"는 뜻입니다. 목숨을 다한다는 헬라어 어원은 "혼을 다한다"는 뜻입니다. 어원의 의미를 반추할 때 이는 곧 온 생명을 다한다는 뜻으로 볼 수 있습니다.

하나님을 사랑하라는 말씀에서, "마음, 목숨, 뜻"은 사랑의 단계를 구분 짓기도 합니다. 마가복음 12장 30절에는 뜻 다음으로 힘을 설명하기도 합니다. 따라서 사랑은 마음, 목숨, 뜻, 힘으로 나아가는 확장되는 개념이어야 합니다. 따라서 하나님을 사랑하는 것은 영과 혼, 의지를 담아서 심장을 걸고 사랑하는 것입니다. 혼신을 다해 사랑하는 것입니다. 사람이 성전으로 만들어지는 과정에서 힘과 의지를 담아 사랑하겠다는 결단은 상대적으로 쉽게 볼 수 있습니다. 하지만 자기 뜻을 하나님께 관철하고 목숨을 걸고 심장을 드려 지성소까지 깊이 들어가는 사람들은 적습니다. 자기 인생의 주도권을 하나님께 온전히 맡겨 드릴 때 성령의 은혜가 임하여 하나님 보좌 앞으로 나아가는 복을 누릴 수 있습니다. 따라서 힘과 의지를 넘어서 자기 심장까지 하나님께 내어드리게 되면 예수 그리스도의 심장을 이식 받게 되고 그때 하늘의 지혜와 계시, 그리고 성령의 은혜를 경험하게 됩니다. 마음의 지성소에서 체험할 수 있는 깊은 안식입니다(히 4:16).

심장까지 내어드리는 헌신의 특징은 주를 위하여 고생하거나 억울한 일을 당하더라도 감사한다는 것입니다. 이는 모든 지각에 뛰어난 하나님의 평강으로 말미암아 살아가도록 만듭니다. 다른 말로 이것은 이 땅에서 천국을 살아내는 것입니다. 하나님의 사람은 배부른 가운데 살 수가 없습니다. 만약 그러한 삶을 산다면, 솔로몬처럼 평안함 가운데 넘어질 수 있는 위험을 껴안고 사는 것입니다. 그러나 부요함 가운데 넘어지지 아니한 다니엘, 에스더, 요셉은 다릅니다. 그들의 특징은 부요함 가운데에서도 이 세상에 대한 소망으로 살지 않았다는 것입니다. 요셉은 비록 애굽에서 총리로 하나님이 주신 풍성한 은혜를 누렸지만 절대 이 세상에 대한 소망으로 살았던 자가 아닙니다.

나를 믿는 자는 성경에 이름과 같이 그 배에서 생수의
강이 흘러나오리라 하시니 요 7:38

여기서 말하는 배는 무엇을 말하는 것입니까? 배에 대한 헬라어 어원의 뜻은 우리 존재의 가장 깊은 부분을 말합니다. 새에덴동산의 보좌로부터 흐르는 생명수의 강이 나의 영혼 가장 깊은 곳에서 쳐 나온다는 것을 말합니다(계 22:1-2). 이 영적 원리를 깨닫고 영적인 눈이 떠지는 일이 은혜입니다. 이 세상 육신의 일을 전부라고 생각하면 영적인 하나님의 축복을 이어받을 수 없습니다. 세상은 오히려 이런 영적 원리를 깨닫지 못하는 것이 정상인 것처럼 말합니다. 이는 크고 은밀한 하나님의 계시이기 때문에 세상은 이를 알 수가 없습니다. 하지만 이 은혜는 성도들이 삶의 어려움을 이겨낼 수 있는 원동력이자, 인생의 쓴맛을 단맛으로 바꾸는 생수의 강입니다. 그러므로 나의 심장을 주님께 드리는 일은 바울의 고백처럼, "날마다 죽노라"의 고백에서 이루어집니다.

하나님께서는 성도들과 언약을 체결하셨습니다. 심장을 주님께 드린 성도는 하나님으로부터 생명을 받습니다. 그 부활의 생명은 인간의 속사람을 강건하게 함으로써 하나님께서 베푸시는 은혜를 더욱 깊이 경험할 수 있게 합니다. 이 은혜를 경험한 자는 지상 명령을 성취하게 되는 것입니다.

> 예수께서 나아와 말씀하여 이르시되 하늘과 땅의 모든 권세를 내게 주셨으니 그러므로 너희는 가서 모든 민족을 제자로 삼아 아버지와 아들과 성령의 이름으로 세례를 베풀고 내가 너희에게 분부한 모든 것을 가르쳐 지키게 하라 볼지어다 내가 세상 끝날까지 너희와 항상 함께 있으리라 하시니라 마 28:18-20

지상 계명을 지키고자 심장을 걸고 사랑하지 않는 사람은 마침내 심각한 위험에 처할 수 있습니다. 결국 올무에 걸려들어 사탄의 놀잇감이 될 위험이 매우 높습니다. 왜냐하면 때를 따라 도우시는 은혜의 보좌까지 나아가는 훈련이 되어 있지 않기 때문입니다. 나름대로 복음을 열심히 증거하더라도 자신과 가정 그리고 이웃에게 악영향을 끼칠 수밖에 없습니다. 세상의 권세 잡은 사탄은 연약한 성도들을 억누르고 있습니다. 마지막 때 천국 복음을 드리기 위해서 날마다 하나님의 능력이 내 심장으로부터 온몸으로 흐를 수 있도록 해야 합니다. 그리스도인은 성령의 충만함 가운데 살아갈 때 영적으로 강건해질 수 있습니다.

성령의 충만함 속에서 그리스도인은 복음을 전할 수 있고, 믿지 아니하는 자에게 복음이 심기게 할 수 있습니다. 복음의 능력은 성령 충만으로부터 나옵니다. 이것은 세상을 이길 수 있는 승리를 경험하게 만듭니다(요일 5:4). 믿지 아니하는 자가 그 속사람의 능력을 보고 마치 자석처럼 끌리게 됩니다. 따라서 먼저 지상 계명이 주는 하나님의 은혜를 경험하는 일은 무척 중요합니다. 세상의 권세로부터 이길 힘은 바로 여기로부터 나오기 때문입니다. 그러므로 방심은 금물입니다. 천국 복음이 능력으로 증거될 수 있도록 늘 깨어 있어야 합니다.

하나님께서는 하늘과 땅의 모든 권세를 주셨습니다. 예수님께서는 모든 하늘 권세를 버리시고 이 땅 위에 오셨습니다. 그러나 땅의 권세는 누구에게 있습니까? 그 권세는 사탄에게 있습니다. 사탄은 불법적으로 사람들을 미혹하고 있습니다. 하지만 예수님께서 하늘 권세를 버리시고 사탄에게 빼앗긴 땅의 권세를 되찾으러 오셨습니다. 그분은 이를 위해 죽으시고 부활하시어 하늘의 권세를 회복시키시고 땅의 권세까지 되찾으셨습니다(마 28:18). 예수님께서 이 하늘과 땅의 모든 권세를 그리스도의 형상을 회복해 가는 제자들과 자신을 믿고 따르는 자들에게 주셨습니다. 따라서 그리스도인은 이 세상을 미혹하며 성도들을 참소하는 사탄을 두려워할 필요가 없습니다. 우리에게 주어진 것은 다만 주님이 주신 권능과 자기 심장을 주님께 드리는 순종 뿐입니다. 이 순종은 처음부터 완벽한 것이 아닙니다. 깨지고 넘어지는 경험의 반복을 통해서 더 온전한 순종을 이루게 됩니다.

하나님 나라를 세우는 사명

모든 민족을 제자로 삼아 아버지와 아들과 성령의 이름으로 세례를 준다는 말은 무엇일까요? 세례는 세상 나라에 대해서는 죽고 하나님 나라에 대한 백성이 된다는 뜻입니다. 세상 나라에서 하나님 나라로 국적을 바꾼 백성은 약속의 땅으로 나아가게 됩니다. 그들이 나아가는 땅은 어디입니까? 모든 영토입니다. 하나님께서는 모든 땅의 택한 백성들을 제자 삼고, "가르쳐 지키게 하라"고 명령하셨습니다. 말씀의 법을 지키는 천국 국민이 되는 것입니다. 이렇게 국민, 영토, 주권을 가진 거룩한 나라가 이 땅에 세워지게 됩니다.

이스라엘이라는 제사장 나라를 세우는 것과 이 시대의 우리에게 주어진 선교 비전은 본질상 동일합니다. 하나님의 지상 명령은 복음 증거의 차원을 넘어서 하나님 나라를 이 땅 가운데 세우는 사명입니다. 하나님의 말씀을 명확히 소화해 세상 가운데 가르쳐 지키게 하는 역할이 필요한 때입니다. 이를 위해 살 때 "볼지어다 내가 세상 끝날까지 함께하겠다"고 말씀하신 주님의 도우심과 보호하심을 경험하게 됩니다. 하나님의 능력과 권능 아래서 사명을 감당하게 되는 것입니다. 세상의 정욕을 구하거나 형식적이고 종교적으로 신앙생활하는 것을 하나님께서 가장 안타까워하십니다. 하나님께서는 믿는 성도들에게 상을 주시기 원하십니다. 그러나 세상 만족과 육신의 즐거움을 따르는 자는 하나님께서 주시려는 상을 경험할 수 없게 됩니다.

내가 내게 있는 모든 것으로 구제하고 또 내 몸을 불

사르게 내줄지라도 사랑이 없으면 내게 아무 유익이

없느니라 고전 13:3

　　사도 바울은 똑같은 원리로 순종했습니다. 바
울은 하나님을 향한 으뜸의 사랑을 가지고 있었습
니다. 바울이 세웠던 많은 교회 중에 가장 그를 힘
들게 했던 교회는 고린도교회입니다. 그러나 그는
고린도교회 덕분에 가장 아름다운 사랑이 무엇인
지 고백하는 편지를 쓸 수 있었습니다. 고린도교
회는 바울을 모욕하고 그의 사도직을 무시했습니
다. 당파를 만들어, 쪼개고 분리했습니다. 그러나
바울은 은혜의 보좌까지 나아가 기도하면서 사랑
은 모든 것을 참고 모든 것을 바라며 모든 것을 견
딘다는 진리를 알게 되었습니다. 이는 예수 그리
스도가 전부를 내어주시는 희생이자 십자가에 나
타난 하나님의 사랑임을 깨달았습니다.

내가 달려갈 길과 주 예수께 받은 사명 곧 하나님의
은혜의 복음을 증언하는 일을 마치려 함에는 나의 생
명조차 조금도 귀한 것으로 여기지 아니하노라 행
20:24

바울은 에베소교회의 역사적 부흥을 일으킨 후
에 오히려 예루살렘 속 고난의 현장으로 가기 원했
습니다. 그것이 가능했던 이유는 사도행전의 말씀
처럼 자신의 생명을 하나님께 드리는 순종이 있었
기 때문입니다. 그는 AD 67년경 로마의 네로황제
로부터 순교하기 직전 디모데에게 편지를 썼습니
다. 그는 로마의 두 번째 감옥에서 디모데에게 때
를 얻든지 못 얻든지 말씀을 전파할 것을 강력하게
권고했습니다. 이 말씀을 진정으로 마음속 깊이 새
길 때 바울과 같이 복음을 증거할 수 있게 됩니다.

주님이 원하시는 가장 귀한 일은 한 영혼을 구원
하는 일입니다. 물질세계는 썩어지기에 주님은 천
하보다 한 영혼을 더 귀히 여기십니다. 바울과 같

이 복음에 심장을 드리는 자들이 온 세계와 열방 가운데 아브라함처럼 복의 근원이 될 것입니다. 심장을 주님께 드리는 자에게 하나님의 영광이 임할 것입니다. 어디를 가든 주님이 도우시고 공급하는 역사가 일어날 것입니다.

핵심과 나눔(Key points & Sharing points)

K1. "마음을 다해 사랑한다"는 말씀에서 헬라어 원어의 의미는 무엇입
    니까?

K2. 세례가 가지는 의미는 무엇인가요?

S1. 하나님을 마음, 목숨, 뜻 힘을 다해 사랑하라고 말씀하셨는데 얼마
    나 하나님을 사랑하고 있는지 나눠 봅시다.

S2. 하나님 나라를 이 땅 가운데 세우는 사명에 어떻게 동참하고 있는
    지 나눠 봅시다.

3장 / 지상 계명과 명령을 주신 이유

왕 같은 제사장이 받는 상과 기업

왜 하나님은 자신을 구원자와 왕으로 믿는 백성에게 지상 계명과 지상 명령을 주셨을까요? 이는 다음 네 가지로 정리됩니다.

첫째, 공평하신 하나님이 지상 계명과 지상 명령에 온전히 순종하는 착하고 충성된 성도들에게 왕 같은 제사장의 영원한 상과 기업을 주시기 위함입니다.

이는 후에 약속의 말씀이 온전히 성취될 때, 메시아 왕국과 하나님의 영원한 나라가 이루어질 때, 그리스도의 심판대 앞에 서게 될 때 이뤄질 것입니다. 하나님은 주를 위하여 눈물로 인내하며 말씀을 지킨 자에게 존귀와 영광으로 채워주실 것입니다. 그렇지 못하고 육체의 기회의 때에 물질과 건강만 챙기고 주의 일에 인색했던 사람은 책망 받을 것입니다. 이들은 구원받더라도 부끄러운 구원을 받습니다. 이들은 고린도전서 3장 15절에 의하면 보석 같은 집을 짓기보다 지푸라기 집을 지어놓은 사람과 같습니다.

천국 가는 것뿐만 아니라 주를 위해 인내한 자에게 주시는 영광과 권세에도 차이가 있다는 것을 명심해야 합니다. 하나님이 주시는 영광은 영원한 것입니다. 이러한 측면에서 바울과 베드로는 이기기를 다투는 자마다 모든 일에 절제한다는 말씀을 명확히 이해했습니다. 올림픽 선수는 메달을 따기 위해 4년간 땀과 눈물을 흘리며 혼신의 노력을 다합니다. 우리는 이보다 더 큰 영원히 썩지 않을 상과 면류관을 얻을 것이기에 이에 대한 대가를 기쁨으로 지불할 수 있습니다. 사람에게 있어서 가장 중요한 것은 바로 생명입니다. 이 육체의 생명까지 주님께 드리는 순교까지 마다하지 않는 사람은 하나님의 가장 큰 상급을 받을 것입니다. 그 상급은 수준 자체가 다를 것입니다. 따라서 성도는 바울의 고백처럼 "날마다 죽노라"의 순교를 매일 경험해야 합니다. 빌라델비아교회에 이 면류관을 빼앗기지 말라고 말씀하셨던 것처럼 열심을 내어 죽기까지 주님 앞에 순교의 정신으로 천국 복음을 증언해야 합니다.

> 하나님께서 각 사람에게 그 행한 대로 보응하시되 참고 선을 행하여 영광과 존귀와 썩지 아니함을 구하는 자에게는 영생으로 하시고 오직 당을 지어 진리를 따르지 아니하고 불의를 따르는 자에게는 진노와 분노로 하시리라 롬 2:6-8

하나님께서 분노하는 성도가 있을까요? 있습니다. 라오디게아교회를 보시면 토하여 내치고 싶다고 말씀하십니다. 말라기에는 하나님께서 온전하지 못한 예물, 예배, 제사에 대해서 아주 강하게 비판하고 계십니다. 믿는 성도는 하나님을 기쁘시게 하는 삶을 살아야 합니다. 각자 말씀의 분량에 맞는 사명과 축복과 은혜가 있습니다. 물질을 맡겨야 할 자에게는 물질을 맡기십니다. 중요한 점은 여기서는 출세나 권력, 영적 은사가 중요한 것이 아니라 사명이 중요합니다. 창세 전에 택하신 사명대로 따라 살아가는 것이 핵심입니다. 말씀과 성령으로 훈련받은 자는 어느 수준이 되었을 때 하나님께서 무엇인가를 맡기시기 시작합니다. 개인의 사리사욕을 채우라고 주는 것이 아닙니다. 하나님의 성도들과 교회를 돕는 데 목적이 있습니다.

대표적인 사람이 바로 에스더와 요셉입니다. 이들은 하나님께서 주신 축복을 통해 민족을 구원하는 일을 이루었습니다. 위에서 부르신 사명을 온전히 이루는 성도들이 많지 않습니다. 왜냐하면 세상의 정욕에 마음을 빼앗겨 버리기 때문입니다. 세상으로부터 구별되어나 믿음의 삶을 살아가는 것은 쉽지 않습니다. 특히 청년 세대는 더욱 그러합니다. 따라서 기성세대의 사명은 다음 세대를 위한 끊임없는 사랑의 기도와 말씀의 권면이라고 할 수 있습니다.

둘째, 지상 명령과 지상 계명을 주신 이유는 하나님께서 하나님 나라에 믿는 성도들을 참여시키기 위해서입니다.

이것의 의미는 하나님 나라의 영원한 영광에 참여할 수 있는 은혜를 우리에게 주셨다는 겁니다. 하나님께서는 믿는 성도가 피조 세계 속에서 영광스러운 존재로 드러나게 하시는 축복을 주기 원하십니다. 이 비교할 수 없는 영광을 볼 수 있음이 가장 큰 축복입니다. 영원한 영광을 바라보며 사는 것이 바로 산 소망입니다. 시간이 지날수록 세상에 대한 낙은 점차 사라지고 산 소망에 대한 사모함이 커져야 합니다.

그 주인이 이르되 잘하였도다 착하고 충성된 종아 네가 적은 일에 충성하였으매 내가 많은 것을 네게 맡기리니 네 주인의 즐거움에 참여할지어다 하고 마 25:21

우리 삶에 나타나는 여러 고난 속에서 낙심하여 주저앉으면 안됩니다. 영원한 즐거움이 우리를 기다리고 있습니다. 주님도 영원한 즐거움 때문에 모든 수치와 고난과 심지어 죽음까지도 감내하셨습니다. 믿음의 분량에 맞게 감사함으로 나아가는 순종이 필요합니다. 주님을 위해 수고하고 눈물 흘린 것만이 우리의 영원한 상급이 됩니다.

오히려 너희가 그리스도의 고난에 참여하는 것으로 즐거워하라 이는 그의 영광을 나타내실 때에 너희로 즐거워하고 기뻐하게 하려 함이라 벧전 4:13

우리는 이 은혜를 믿지 않는 자들과 믿음이 연약한 자들에게 나누어야 합니다. 이것을 나누는 자들

은 고난에도 기쁨으로 참여합니다. 고난에도 분량
이 있습니다. 그리스도의 남은 고난에 참여할수록
그 고난을 기쁨으로 받아들일 수 있는 능력을 얻기
도 합니다(골 1:24). 이것은 신령한 힘입니다. 주와
복음을 위해 고난 받는 것이 축복입니다.

> 이 첫째 부활에 참여하는 자들은 복이 있고 거룩하도
> 다 둘째 사망이 그들을 다스리는 권세가 없고 도리어
> 그들이 하나님과 그리스도의 제사장이 되어 천 년 동
> 안 그리스도와 더불어 왕 노릇 하리라 계 20:6

셋째, 지상 명령과 지상 계명을 주신 이유는 부
활의 소망을 주시기 위함입니다.
첫째 부활에 참여하는 성도들은 세 가지 특징을
가지고 있습니다.
① 첫째 부활에 참여하는 성도는 더 좋은 부활을
경험하게 됩니다.
히브리서 11장 35절에 의하면 고난 받은 자들이

더 좋은 부활을 경험합니다. 예수께서는 지상에서 첫째 부활에 참여한 유일한 분입니다. 따라서 더 좋은 부활을 경험하는 자들은 곧 부활의 처음 익은 열매인 예수님과 같은 첫째 부활을 경험하는 자들입니다. 이들은 그리스도께서 다시 오셔서 왕노릇 하신 때에 부활하여 천년 동안 주와 함께 다스리는 자들입니다. 첫째 부활하는 자들은 지상 계명과 지상 명령에 충성하다가 죽은 자들, 예수님 이전 유대인들과 예수님께서 오신 후 예수를 믿게 된 이방인 성도들을 나타냅니다.

② 지상에서 살아있을 때 다시 오실 메시아의 공중 혼인 잔치에 육체의 죽음을 맛보지 않고 들림받게 됩니다.

열 처녀의 비유에서 다섯 명의 처녀씩 구분되는 것처럼 말입니다. 이때 들림 받은 성도는 다수가 아닌 소수일 것입니다. 그러므로 믿는 성도들은 어린 양의 공중 혼인 잔치에 들림 받을 수 있도록 깨어 있어야 합니다(살전 4:16-18). 그러나 신랑 예수가 다시 오실 때가 다가올수록 세상의 유혹 속에 믿는 성도들조차도 넘어질 수 있습니다. 따라서 이 땅에 남아있을 자들이 많을 것입니다. 이러한 공중 재림의 사건은 우리 당대에 이루어지지 않을 수도 있습니다. 하지만 이 부활에 대한 소망을 포기해서는 안됩니다. 왜냐하면 주님께서 정하신 때는 아무도 알 수 없기 때문입니다. 그러나 말씀 안에서 때를 분별하며 빠르게 변화되는 세상을 보면 때가 가까운 것을 알 수 있습니다.

③ 공중에 임하신 주님과의 혼인 잔치가 진행되는 동안에 땅에 남아있는 성도 중, 특별히 이스라엘 백성의 남은 사명자들을 대적하는 권세를 심판하십니다.

이를 통해 지상 명령과 지상 계명을 성취하실 것입니다. 성자 예수님께서 죽기까지 순종하셔서 모든 믿는 자들에게 믿음의 본을 보이셨고 하늘의 가장 높은 보좌 영광에 앉으셨습니다. 이를 믿는 성도는 예수께서 보여주신 믿음의 본을 따라 빌라델

비아교회와 같이 항상 깨어 모든 민족을 향해 천국 복음을 전파해야 합니다.

넷째, 지상 명령과 지상 계명을 주신 이유는 말씀을 순종하는 자들을 장차 온 세상에 임할 시험의 때에 약속대로 보호하기 위함입니다.

지상 명령과 지상 계명에 충성을 다하고 그 말씀을 지킬 때 하나님은 그들에게 상급과 면류관을 주시고 그들을 칭찬하실 것입니다.

네가 나의 인내의 말씀을 지켰은즉 내가 또한 너를 지켜 시험의 때를 면하게 하리니 이는 장차 온 세상에 임하여 땅에 거하는 자들을 시험할 때라 계 3:10

온 세상에 임하는 재난 속에 지상 계명과 지상 명령에 끝까지 순종하고 인내의 말씀에 충성하는 성도와 가정과 교회는 하나님의 보호하심과 축복을 누릴 수 있습니다. 더 나아가 열린 문으로 나아갈 수 있게 됩니다. 예수를 잘 믿고 하나님의 지상

명령과 지상 계명을 이루는 그리스도의 군사들은
하나님께서 항상 함께하십니다(딤후 2:1-4).

왕의 통치권과 권세

이렇게 주님의 지상 명령과 지상 계명을 지키고
수행하고자 하는 성도는 하나님과 함께 왕 노릇 하
게 됩니다. 성경은 창세기부터 요한계시록까지 통
일성 있게 믿는 성도들에게 주시는 왕의 통치권과
권세를 말씀하고 있습니다. 이 땅에서 주님의 말
씀, 주님의 뜻을 이루는 것이 우리의 축복입니다.
말씀을 주야로 묵상하는 것은 지상 명령과 지상 계
명을 성취할 수 있는 힘을 줍니다.

지상 명령과 지상 계명이 이 땅에서만 전파되는
것은 아닙니다. 하나님의 말씀은 영원합니다. 이사
야 40장 7~8절, 베드로전서 1장 24~25절에서 말
씀하듯 주의 말씀은 세세토록 있기 때문에, 지상

명령과 지상 계명은 앞으로 온 우주로 무한히 확대될 것입니다. 믿음의 유산을 받을 우리를 위해 준비된 복입니다. 이것은 산 소망입니다. 이 땅에서만 아니라 만물이 새롭게 된 새 하늘과 새 땅에서도 지상 계명과 지상 명령은 영원한 하나님의 법입니다. 성도는 하나님과 함께 영원토록 왕 노릇 할 수 있도록 지상 계명과 지상 명령을 위임 받은 자들임을 잊지 맙시다.

핵심과 나눔(Key points & Sharing points)

K1. 하나님께서 주신 축복을 통해 민족을 구원한 대표적인 성경 인물
두 명은 누구인가요?

K2. 첫째 부활하는 자들은 누구를 말합니까?

S1. "날마다 죽노라"의 순교를 방해하는 현실의 요인은 무엇인지 나눠
봅시다.

S2. 하나님께서 나에게 주신 축복과 은혜를 하나님의 교회와 성도들을
돕는 데 어떻게 사용하고 있는지 나눠 봅시다.

생선 아카데미 / 인간론 ❾

하나님의 언약을 믿는 사람

2023년 8월 2일 초판 발행

지 은 이 | 박진석

펴 낸 이 | 김수홍
편   집 | 유동운, 정원희
디 자 인 | 사라박
펴 낸 곳 | 도서출판 하영인
등   록 | 제504-2023-000008호
주   소 | 포항시 북구 삼흥로411
전   화 | 054) 270-1018
블 로 그 | https://blog.naver.com/navhayoungin
이 메 일 | hayoungin814@gmail.com
인스타그램 | https://www.instagram.com/hayoungin7

ISBN 979-11-92254-09-8 (03230)

값 4,900원

* 도서출판 하영인은 복음이 전해지지 않은 곳에 신앙에 유익한 도서를
  보급하는 데 앞장섭니다. 해외 문서 선교에 뜻이 있는 분들의 참여를
  기다립니다.
  후원 _ 국민은행 821701-01-597990 도서출판 하영인